Comment revivifier les solidarités ?

Fondation Jean-Jaurès
12, cité Malesherbes
75009 Paris
www.jean-jaures.org

ISBN 978-2-8159-5249-1

Comment revivifier les solidarités ?

L'engagement, un remède à la crise

sous la direction d'Éric Chenut

Fondation Jean-Jaurès éditions

PRÉFACE

« S'engager » fait partie d'un des verbes que je préfère dans la langue française, un mot auquel je me raccroche, car il est une sorte de fil dans ma vie.

Ce mot est riche, il raconte une multitude d'histoires, comme celle des femmes et des hommes engagés dans la Résistance pendant la guerre, celle des suffragettes pour obtenir le droit de vote des femmes, celle des militants pour le droit à la contraception ou à l'IVG, parmi lesquels de nombreux mutualistes ; à chaque période ses engagements !

Ce mot, « s'engager », donne du sens au temps que l'on consacre aux causes qui nous tiennent à cœur et nourrissent la participation démocratique.

L'essentiel est notre capacité à être et à faire ensemble, quelles que soient les motivations des femmes et des hommes qui échangent, réfléchissent ou agissent collectivement. Leurs implications, leurs contributions concourent à construire et faire vivre notre cohésion sociale.

Il est donc nécessaire d'amorcer ce travail d'introspection sur l'engagement d'aujourd'hui et de penser à celui de demain, dans le monde mutualiste, de l'économie sociale et solidaire, et au-delà. Comme l'ensemble des acteurs de la société engagée, syndicats, partis politiques, associations, nous n'échappons pas à la défiance qui croît dans les institutions du pays.

Malgré un ancrage dans les réalités de proximité, la préparation de la relève, les passages de relais sont rendus plus difficiles. Cela tient-il à l'attractivité des modes d'engagement ? à la manière d'accueillir celles et ceux arrivant dans des organisations devenues plus complexes, plus gestionnaires, dont le sens est peut-être moins intuitif ? ou est-ce dû à un questionnement de la capacité du collectif à être facteur de progrès, d'épanouissement ? Le marketing et le néolibéralisme ont théorisé que le bonheur était d'« avoir », dans un nihilisme exacerbé, mortifère pour le vivre ensemble !

Comment aller contre cette tendance d'une moindre capacité à contribuer à l'intérêt général dans nos périmètres d'action pour la santé et la protection sociale ?

Nous voyons se substituer inexorablement la qualité de client à celle d'adhérent, dans une approche consumériste où la protection sociale est renvoyée à un guichet payeur solvabilisant des dépenses. Notre ambition émancipatrice, individuelle et collective, est donc questionnée, au cœur même des valeurs qui constituent cette aspiration collective. Par des protections mutuelles fondées par la solidarité, nous permettons à chacun de se projeter dans son projet de vie personnelle, familiale ou professionnelle.

Comment réconcilier solidarité et responsabilité individuelle et collective, comment réarticuler droits et devoirs ? Pour le dire autrement : comment redonne-t-on de l'appétence à faire ensemble, l'aléa ne pouvant être efficacement pris en charge que de manière collective et solidaire ?

En tant qu'acteurs de la société engagée, nous avons une responsabilité première en proposant de faire ensemble, de concourir aux communs de la société. Nous pouvons présenter une démarche d'éducation populaire et citoyenne dans le champ de la santé, de la protection sociale pour montrer en quoi et comment ce sont avant tout des choix politiques d'allocation de moyens et de ressources et en rien des sujets techniques, des choix d'experts.

Ce constat partagé et l'addition de volontés se sont traduits à travers le collectif du Pacte du pouvoir de vivre, regroupant soixante-cinq organisations souhaitant questionner la manière d'appréhender les transitions démocratiques, économiques, sociales et écologiques. Cet espace, auquel nous participons avec des syndicats, des associations, des acteurs de l'économie sociale et solidaire, permet de retisser des liens en mariant l'expression citoyenne et celle de structures engagées.

Ce livre a vocation à apporter des éléments d'analyse pour expliquer ce désengagement et y répondre. Il est donc né de ce souhait de donner la plume à des femmes et des hommes impliqués, ayant des parcours différents et des engagements variés. Dans un monde qui change à toute vitesse, l'écrit donne le temps de faire une pause face à cette complexité. Philosophe, journaliste, universitaire, élue locale, médecin, acteurs du monde syndical ou économique, tous ont accepté de contribuer à cet exercice ; je tiens ici à les en remercier.

Dans cet ouvrage, que j'ai eu l'honneur et le plaisir de diriger en collaboration avec la Fondation Jean-Jaurès, les contributrices et contributeurs donnent des clés pour reconnecter les mots « engagement » et « ensemble ».

Neuf contributions où chacun partage son regard et sa réflexion sur la société avec trois angles : tout d'abord, comment doit-elle faire commun ; ensuite, comment susciter l'engagement ; enfin, comment lutter contre la pauvreté et les inégalités.

La richesse des contributions de ces femmes et hommes alimentera, à n'en pas douter, nos cheminements sur le besoin de retrouver du sens et de partager une ambition commune, avec pour boussole notre cohésion et pour ambition la lutte contre les inégalités.

Éric Chenut

Comment faire commun ?

Gabrielle Halpern

L'époque semble être au repli sur soi, aux fractures, à l'individualisme et au désengagement. Mais dans ce ciel bien sombre, quelques lueurs ça et là apparaissent – des signaux faibles d'hybridation –, témoignant que la solidarité, le collectif, le commun n'ont pas disparu… Bien mieux, il se pourrait même qu'ils se développent lentement mais sûrement, prenant des formes nouvelles, inédites, nous invitant à repenser toutes nos cases ! Qu'est-ce qui fait la singularité de l'être humain par rapport aux autres animaux ? Selon saint Augustin, l'être humain a été créé pour qu'il y ait du commencement[1]... L'être humain est l'animal du commencement ! C'est notre capacité à agir, à créer, à introduire de la nouveauté, à prendre des initiatives, à commencer quelque chose qui fait de nous des animaux un peu différents des autres. L'être humain est donc, par essence, un « startuper » ; c'est-à-dire un « commenceur ». Comment faire en sorte que ce besoin fondamentalement humain de commencer quelque chose, de créer quelque chose – d'agir, en un mot –, soit un élan hors de soi... pour aller vers l'Autre ? Si, selon les mots de Martin Buber, « l'homme devient *je* au contact du *tu* », comment renforcer parmi nos contemporains, et pour les générations à venir, le goût de l'altérité ?

---

1. Saint Augustin, « Cité de Dieu », repris par Hannah Arendt dans *La vie de l'esprit* (New York, Harcourt Brace Jovanovichet, 1978) dans *Les origines du totalitarisme* (New York, Harcourt Brace & Co, 1951).

Si notre rationalité était originellement très utile pour construire les sciences, elle s'est quelque peu rigidifiée au fur et à mesure des siècles pour se transformer en usine de production massive de cases. Nous ne nous en rendons pas compte, mais nous passons nos journées à tout ranger dans des cases : nos amis, nos collègues, nos territoires, nos voisins, nos métiers. En agissant de la sorte, nous passons complètement à côté de la réalité. La crise que nous traversons n'est pas d'abord économique, sociale, écologique, institutionnelle, territoriale ou politique ; ce que nous vivons, c'est avant tout une crise de notre rapport à la réalité. En rangeant tout et tout le monde dans des cases, nous fabriquons des silos qui fracturent notre société. Un exemple frappant, si vous lisez les programmes politiques des candidats – que ce soit aux élections locales ou nationales –, vous constaterez qu'il s'agit de programmes politiques catégoriels. Il y a « ma petite mesure pour les jeunes », « ma proposition pour les artisans », « ma mesure pour les personnes âgées »… Le corps citoyen est divisé en morceaux et un programme politique catégoriel – lorsque le candidat est élu – se traduit en politiques publiques catégorielles qui renforcent, voire créent, les fractures de notre société. On ne peut pas penser la banlieue sans le cœur de ville, les jeunes sans les personnes âgées, l'économie sans la société, la technologie sans l'artisanat, sauf à créer des clivages. Pour créer du commun, il va nous falloir remettre radicalement en cause cette logique de « cases » – cette manière de penser, de gouverner, d'entreprendre, de commercialiser, de former par « silos » – et apprendre à « hybrider », c'est-à-dire à faire des mariages improbables. L'hybridation, qui est un véritable projet de société, vise à briser ces frontières absurdes pour mettre ensemble des générations, des activités, des usages, des personnes qui, a priori, n'ont pas grand-chose à voir ensemble, mais qui, réunies, vont donner lieu à quelque chose de nouveau : un tiers service, une tierce manière de travailler, de consommer ou d'habiter, un tiers modèle, un tiers usage, un tiers lieu, une tierce… économie !

Chaynesse Khirouni

Dans leur ouvrage *Les nouveaux biens communs ?*[1], Emmanuel Dupont et Édouard Jourdain explorent une manière nouvelle de faire société. Une approche qui privilégie la prise en charge collective de services communs par l'initiative citoyenne. Qu'il s'agisse d'un tiers lieu, d'un espace culturel ou encore d'un service à la personne, ces initiatives ne sont pas sans faire écho aux pratiques autogestionnaires.

1. Emmanuel Dupont, Édouard Jourdain, *Les nouveaux bien communs ? Réinventer l'État et la propriété au* XXI*e* *siècle*, La Tour d'Aigues, l'Aube / Fondation Jean-Jaurès, 2022.

En complémentarité, mais aussi en cohérence avec ces dynamiques innovantes de la société civile, il nous faut repenser les outils politiques du contrat social. Cela suppose de réinterroger notre Constitution, notre organisation territoriale et notre vie politique, car, sauf à considérer que les fractures territoriales, sociales et demain climatiques peuvent être traitées par le système qui, depuis des décennies, échoue à les réduire, comment ne pas s'entendre sur la nécessité de les renouveler ?

La segmentation du corps social et les communications difficiles entre ses diverses composantes sont une menace qui pèse sur notre capacité à faire commun. Une segmentation qui sépare une minorité qui s'épanouit dans la mondialisation libérale d'une majorité qui la subit. Les dernières élections présidentielles témoignent de cette réalité.

Le sentiment de déclassement, la progression des inégalités, l'inquiétude d'une partie de la jeunesse ou la conviction que l'État est déconnecté de ses territoires… sont des poisons qui minent le sentiment d'appartenance à une République une et indivisible. Ils menacent les fondements d'une République qui affiche l'ambition de la fraternité sans parvenir à la traduire en actes. La création de liens plus étroits entre les territoires ruraux, périurbains et urbains est une nécessité. Des réponses concrètes, en matière d'offre de soins ou de mobilités par exemple, sont indispensables, tout comme le déploiement de politiques d'insertion et de réussite éducative plus ambitieuses dans les quartiers défavorisés.

Les fractures territoriales et sociales doivent recevoir des réponses à l'échelle des territoires, en partenariat avec un État et des Régions stratèges et facilitateurs.

Le conseil départemental de Meurthe-et-Moselle a fait des choix qui participent à répondre à ces défis. Je pense ici tout particulièrement à sa territorialisation. Elle mise sur la proximité tant des élus que des services départementaux. Une présence qui rassure et accompagne, des politiques publiques qui protègent, des synergies avec le bloc communal qui décuplent l'efficacité de l'action. Ce maillage territorial n'a pas été suffisamment encouragé dans le cadre d'une décentralisation qui s'est parfois limitée aux principes. La crise sanitaire a pourtant permis d'illustrer sa pertinence. C'est d'abord à cette échelle que nos fractures pourront être traitées. À condition que l'État reconnaisse réellement les acteurs politiques locaux et cesse de les instrumentaliser en réduisant sans cesse leurs capacités d'initiative.

À l'échelon national, c'est évidemment une République parlementaire qu'il nous faut promouvoir. Une République qui sache susciter le dialogue citoyen sans idées préconçues, dans le cadre d'espaces qui contribuent effectivement à la prise de décision. La convention citoyenne pour le climat fut, de ce point de vue, un exemple et un contre-exemple. La qualité des débats et des propositions tranchait avec le cynisme des gouvernants qui, en vidant ces travaux de leur substance, ont jeté le discrédit sur un outil participatif inédit et prometteur.

Il nous faut une République plus juste et plus solidaire, plus décentralisée, davantage à l'écoute de tous ses enfants et qui saurait, par exemple, reconnaître le vote blanc ou nul et multiplier les consultations citoyennes à tous les échelons.

Jean-Pascal Labille

La crise sanitaire, le creusement des inégalités sociales, les crises migratoires, le déficit démocratique, le dérèglement climatique, etc. cristallisent de nombreux sentiments d'injustices et tensions. Des Gilets jaunes, nés à l'automne 2018, à ceux constitués durant la pandémie, les mouvements de contestation émergeants démontrent une crise de confiance des citoyens envers nos institutions dites « classiques » et nous obligent à réfléchir profondément à notre manière de faire société.

Les citoyens doutent profondément de la capacité des responsables politiques et des instances démocratiques existantes à répondre à leurs difficultés. Ils doutent également du pouvoir des corps intermédiaires (dont font partie les mutuelles et les syndicats) à défendre leurs intérêts et à transformer de l'intérieur nos instances démocratiques. Cette crise de confiance envers les institutions démocratiques, accompagnée d'une remise en cause croissante de la légitimité des contre-pouvoirs, nous confronte à un double défi. Premièrement, celui de reconsidérer les fondamentaux de nos institutions démocratiques et deuxièmement, celui de redéfinir le fonctionnement des corps intermédiaires et des contre-pouvoirs.

Si on considère que l'intensité des difficultés quotidiennes auxquelles sont confrontés les citoyens, au contraire d'être un moteur de mobilisation, instaure de la résignation et du rejet envers les institutions politiques, notre système démocratique doit être en mesure de mettre en scène de manière institutionnalisée le conflit né du sentiment de ne pas trouver sa place ou d'être reconnu. Autrement dit, les institutions démocratiques doivent se renouveler et oser porter une certaine forme de conflictualité à travers un nouveau modèle de gouvernance plus participatif dans lequel le citoyen peut s'exprimer librement.

La participation citoyenne constitue la clé du renouvellement de notre système démocratique. Pour ce faire, il ne suffit pas seulement de consulter les citoyens, il faut également leur donner accès aux informations et renforcer leur capacité d'analyse critique afin qu'ils puissent confronter leurs points de vue et remettre en question les politiques menées.

L'éducation permanente permet cela et vise par ailleurs à stimuler une certaine forme de résistance nécessaire au fonctionnement démocratique moderne.

Les corps intermédiaires ont un rôle à jouer pour imposer une nouvelle conception de la démocratie, plus sociale et participative. C'est précisément dans l'incarnation des clivages que les corps intermédiaires ont un rôle à jouer pour renforcer la conflictualité politique. Il est facile de reconnaître le rôle joué par les syndicats auprès du monde ouvrier autour du clivage historique capital/travail. Structurées comme un contre-pouvoir et s'inscrivant dans une longue tradition de luttes, les organisations syndicales ont permis de conflictualiser le rapport entre le travail et le capital, et de faire entendre la voix du monde ouvrier. Il est par contre plus difficile d'affirmer que les organisations syndicales aient été les réceptacles de la colère des Gilets jaunes. Couplés à la double difficulté des corps intermédiaires à instaurer des rapports de confiance avec les citoyens et à jouer leur rôle de contre-pouvoir, les corps intermédiaires doivent se rendre à l'évidence. Ils doivent se renouveler et se réinventer. Ils doivent renouer avec leur base et porter la conflictualité de l'intérieur pour que nos institutions politiques s'adaptent aux réalités des citoyens en perpétuel changement.

Il est important de renouveler nos instances démocratiques ainsi que le fonctionnement des corps intermédiaires. Parce qu'à travers le manque de prise en considération de la parole citoyenne et l'affaiblissement des corps intermédiaires dans notre société, c'est la démocratie tout entière qui est en danger.

Laurent Berger

Il est urgent de faire une pause, de prendre le temps d'analyser l'état de la société. Les dernières élections ont confirmé ce que nous ressentons depuis des mois, moi et l'ensemble des responsables CFDT, en nous déplaçant dans toutes les régions et en échangeant avec les équipes syndicales. Nous savions la société fatiguée par une succession ininterrompue de crises : mouvement des Gilets jaunes, crise sanitaire, guerre en Ukraine… Nous percevions la montée de la défiance vis-à-vis de l'action politique au sens large. Le rejet de la parole scientifique par un certain nombre de nos concitoyens et l'attrait pour les thèses les plus fantaisistes entourant les vaccins l'ont illustrée de façon éclatante. Ce relativisme ambiant et permanent mis en exergue au cours de la pandémie lui est bien antérieur. Il est l'un des symptômes de la fatigue démocratique de la société. Cette fatigue s'est traduite très concrètement par des taux d'abstention aux élections présidentielles et législatives jamais connus jusque-là, par un score inédit de l'extrême droite.

Pour tenter d'y répondre, il faut se fier à une boussole : partir du réel de la société. Quel est-il ? La photographie n'est pas aussi contrastée que certains veulent bien le dire pour souffler sur les braises et attiser une certaine violence. On pourrait multiplier les exemples, mais opposer la France des campagnes qui souffre à celle des villes qui va bien est un grossier raccourci. Affirmer que les problèmes de pouvoir d'achat concernent tous les ménages à l'exception d'une certaine élite est totalement faux. Faire peser toutes les difficultés économiques et sociales sur la seule présence d'étrangers en France est une aberration.

La présidentielle s'est fait le porte-voix de ces adeptes de l'affrontement. S'ils ont eu de l'écho, c'est parce que la société se vit mal collectivement. Individuellement, la situation est beaucoup plus nuancée. Nombre de Français ont traversé cette période compliquée sans trop de dommages. Vous ne vivez pas de la même façon un confinement lorsque votre logement permet de télétravailler confortablement, lorsque votre activité ne vous contraint pas à vous rendre sur votre lieu de travail vaille que vaille, lorsque les problèmes de garde d'enfants sont subalternes… Dans cette période, le défaut d'accompagnement de toute une partie de la population a jeté une lumière crue sur toutes ces inégalités. Il les a également accentuées.

Pour que la société fasse de nouveau corps avec elle-même, il faut répondre à ces injustices du quotidien, s'adresser aux gens en leur parlant de leur vie et pas de concepts globaux, les écouter, leur proposer une vision positive de l'avenir construite avec eux. Tant que des citoyens se sentiront relégués, délaissés, parfois méprisés parce qu'ils n'ont pas accès aux services publics essentiels, parce qu'ils constatent que la « part du gâteau » qui leur revient est moins grande que celle des détenteurs du capital, parce qu'ils ont le sentiment – souvent justifié – de ne pas être reconnus à la hauteur de leur investissement dans leur entreprise, il ne pourra être question de ressouder la société. Cette « réparation » du quotidien des ménages les plus modestes est un préalable pour se projeter dans les grands défis qui se font de plus en plus pressants : la transition écologique, la réduction des inégalités et la vitalité démocratique.

Fabien Cazeaux

Le constat n'est pas nouveau, mais il s'aggrave : les Français ne se sentent plus correctement représentés dans les instances qui sont censées les fédérer. Qu'il soit politique, syndical ou associatif, l'engagement démocratique montre d'inquiétants signes d'essoufflement. Les Français ne veulent plus faire corps par procuration.

Pour autant, la soif d'engagement collectif reste forte. La mobilisation des Gilets jaunes l'a bien montré : les causes concrètes et matérielles rassemblent bien plus que les grandes idéologies dont l'âge d'or semble aujourd'hui révolu.

Face à cette fragmentation du désir démocratique, l'offre politique se renouvelle aujourd'hui par ses marges. Les dissidences d'hier deviennent les grands partis d'aujourd'hui. Le marginal semble gagner ce que le « mainstream » perd en attractivité. Les porteurs de discours anti-élites ont d'ailleurs bien compris qu'ils avaient plus intérêt à cibler un système qu'à inventer de nouvelles manières de faire corps au sein de la société. Le populisme prospère-t-il sur cette incapacité à faire corps comme avant, le corps social existe-t-il encore ?

Comme la crise sanitaire l'a montré, puis la guerre en Ukraine, la menace rassemble toujours. D'une certaine manière, les Français ont fait corps en applaudissant les soignants à leurs fenêtres tous les soirs à heure fixe pendant le premier confinement. De même, l'agression russe contre l'Ukraine fait à peu près l'unanimité contre elle, même dans des camps dont les leaders avaient jadis montré une certaine mansuétude vis-à-vis de Vladimir Poutine. Mais faut-il se résoudre à avoir besoin d'une menace extérieure pour voir la société faire corps ?

Les médias ont forcément un rôle à jouer dans la définition d'un nouveau « vivre ensemble ». Derrière ce pluriel trop globalisateur, les lignes éditoriales divergent. Certaines rédactions donnent libre cours à la polémique en plateau, peu coûteuse à mettre en scène, qui garantit une reprise significative sur les réseaux sociaux. Le buzz à bon compte, crépitement d'emportements individuels plutôt qu'harmonie de discours rassembleurs. D'autres, en revanche, font le choix de poursuivre sur la voie du reportage, de l'investigation, des techniques journalistiques parfois onéreuses, mais qui fédèrent de larges publics autour d'un travail pensé. Succès rassurant lorsqu'il est atteint.

Pour faire corps, la société doit certainement se réapproprier le temps long. Trouver des sujets de rassemblement au-delà de l'actualité immédiate, se retrouver dans de grands projets qui dessinent un chemin. L'accès aux soins, l'égalité des chances, les objectifs climatiques… Ce ne sont pas les sujets qui manquent. Encore faut-il savoir les ériger en priorité nationale propre à mobiliser les énergies citoyennes désireuses de se rassembler. Les récentes expérimentations (grand débat national, Convention citoyenne pour le climat notamment) ont certainement ouvert la voie, elles ne demandent qu'à être perfectionnées… Elles préfigurent sans doute de nouveaux cadres de réflexion et d'expression citoyennes qui permettront à la société, espérons-le, d'enfin faire corps.

Marie-Pierre Toubhans

> « Il va de soi que, par définition, nous pensons qu'une personne ayant un stigmate n'est pas tout à fait humaine[1]. »

La question du handicap relève d'une construction sociale, politique et historique qui a abouti à une dévalorisation, disqualification et stigmatisation des personnes concernées.

Les différents textes internationaux, européens et nationaux adoptés depuis les années 1970 visent à considérer les personnes handicapées comme des sujets de droits et non plus des objets de soins ou de charité, et à faire évoluer les représentations sociales. **Pour faire sens commun, cette reconnaissance réciproque de l'autre, en égale dignité et en droits est indispensable.** Or, un des enjeux consiste à respecter la convention internationale des personnes handicapées,

1. Erving Goffman, *L'arrangement des sexes*, Paris, La Dispute, 2022 [1977].

ratifiée par la France en 2010, qui engage l'État aux fins « de promouvoir, protéger et assurer la pleine et égale jouissance de tous les droits de l'homme et de toutes les libertés fondamentales par les personnes handicapées et de promouvoir le respect de leur dignité intrinsèque ».

D'une certaine façon, nous sommes « à la recherche du sens commun », ce savoir partagé qui permet d'organiser la vie sociale, dans ses principes, valeurs et ses perspectives. Deux pistes pourraient être investiguées :

– La première consiste à créer les conditions d'un partage des communs et à les élargir à de nouvelles problématiques sociales. Dans ce cadre, l'enjeu de l'accessibilité universelle me paraît une perspective indispensable. Ce principe de l'accès à tout pour tous concerne toutes les situations de handicap, toutes les activités et tous les lieux de vie. Son objectif consiste bien à permettre l'autonomie et la participation en réduisant, voire supprimant, les obstacles entre les caractéristiques de la personne et l'environnement. Elle donne sens à un mieux vivre pour tous et toutes, quels que soient la situation, les besoins, les aspirations de chacun. C'est pourquoi il me semble qu'il faut défendre son insertion dans notre Constitution.

– La seconde interroge et confronte la question légitime des identités à celle d'un projet universaliste pour tous et toutes, articulé à une perspective émancipatrice. Nous partageons la même humanité, la même finitude de la planète, la même vulnérabilité qui appelle à des ambitions communes de solidarité. Comment renouer avec le sens des utopies, le rêve des possibles ? Comment pouvons-nous nous réinterroger sur la place des organisations, ces corps intermédiaires malmenés, et des personnes concernées, dont les savoirs expérientiels ont trop souvent été rejetés, car profanes face aux sachants ? Comment reconnaître le pouvoir d'agir, l'autodétermination, l'aspiration à l'autonomie, au choix du mode d'accompagnement, par exemple ? Pour renouer avec le commun, il nous faut trouver ces cadres de dialogues, de débats où chaque voix compte.

Ces réflexions donnent corps à la perspective inclusive qu'on ne saurait réduire à un simple slogan ou un effet de mode. Au contraire, elle nous invite et incite à réfléchir, à dépasser nos pratiques actuelles, à envisager différemment la société dans laquelle nous pourrions vivre, quelles que soient nos singularités.

Ghada Hatem

Une société qui ne fait pas corps commun est une société malade, dont l'espérance de vie est limitée. Or, dans l'environnement qui est le nôtre à la Maison des femmes, le destin des femmes migrantes, surreprésentées du fait de notre spécificité, nous interroge.

Ballotées de centre d'hébergement en association, accompagnées par une armée de bénévoles, confiées à divers avocats surchargés de dossiers, interdites de travail, elles sont totalement déshumanisées. Sommées de prouver le bien-fondé de leur présence, obligées de solliciter auprès des médecins des certificats absurdes pour attendrir les juges de l'Office français de protection des réfugiés et apatrides (OFPRA), on ne leur laisse aucune place pour valoriser leurs talents et montrer leurs savoir-faire. Or ces femmes sont de véritables héroïnes, dotées d'une impressionnante motivation qui leur a permis de supporter un parcours migratoire d'une rare violence. Obtenir enfin des papiers, travailler pour vivre dignement leur permettrait justement de faire société plutôt que de les assigner à un rôle de mendiantes assistées, puis de délinquantes sans papiers obligées de quitter le territoire français. Les maintenir dans cet état de dépendance et de contrôle, c'est les assigner à un destin de violences, physiques, psychologiques et très souvent sexuelles, pour survivre. Proies idéales, elles accepteront l'inacceptable pour manger, dormir une nuit sous un toit ou se laver. Sans surprise, elles auront des enfants qui vivront également dans la violence et perpétueront ce cercle vicieux.

Quant aux femmes victimes de violences intrafamiliales, mal repérées, rarement protégées, elles viennent elles aussi grossir les rangs des parias que la société refuse de voir et d'inclure.

Enfin, les enfants victimes de violences dans leur propre famille sont loin de bénéficier d'une prise en charge à la hauteur de l'enjeu que représentent pour une société leur protection et leur éducation. Foyers, associations, familles d'accueil pourraient laisser penser que tout est mis en œuvre pour les accompagner, mais les témoignages poignants qui émergent depuis peu prouvent que là encore la société s'est contentée de pansements approximatifs, voire dangereux, au lieu d'exiger (et de financer) le meilleur.

Et pourtant, ces prises en charge organisées en silos sont extrêmement coûteuses à défaut d'être réellement efficaces. Une autre voie, qui ferait la part belle à la prévention, la protection et l'inclusion, est certainement possible.

Pascal Demurger

La société française s'est longtemps organisée, *bon an mal an*, selon des matrices à vocation universelle. Le christianisme et la République notamment, bien que concurrents, ont proposé des normes et valeurs, des institutions, rites et règles de vie à même de permettre à la société de « faire corps ». Des idéologies comme le marxisme ont également joué ce rôle pour des parts importantes de la population. Ces matrices n'ont certainement pas effacé les clivages, les tensions, les mécanismes d'exclusion. Mais elles ont été suffisamment globalisantes pour structurer la vie commune de dizaines de millions d'individus, génération après génération, dans toutes les dimensions de la vie sociale. Le mouvement mutualiste, par exemple, est *de facto* rattaché à la matrice républicaine. Du fait de son histoire, de ses valeurs et de la place qu'il accorde à l'intérêt général, il s'insère dans cette geste. Et avec ses millions de sociétaires et salariés, on peut considérer qu'il apporte une contribution qui n'est pas totalement négligeable au maintien de la matrice républicaine.

Si elles restent puissantes, ces matrices sont néanmoins aujourd'hui profondément remises en question et affaiblies. À la fois parce qu'elles ont connu des dérives – tragiques pour certaines – parce qu'elles n'ont pas apporté toutes les réponses attendues – spirituelles comme matérielles –, mais certainement plus fondamentalement parce qu'elles ont été érodées par l'insatiable soif de liberté individuelle.

Ne nous y trompons pas : cette aspiration profonde pour toujours plus de liberté individuelle est porteuse de progrès. L'affirmation de l'individu, c'est la remise en question des carcans et des conservatismes, c'est la conquête de droits nouveaux, c'est une société plus diverse et des destins personnels davantage choisis. Mais c'est inévitablement aussi une tendance génératrice d'atomisation, de fragmentation, voire d'incapacité à construire du commun avec ce qui ne me ressemble pas exactement. Un phénomène absolument inadapté à des temps où aucune solution aux défis écologiques et sociaux ne saurait être imaginée en dehors d'une mobilisation collective et coordonnée. Sans compter que les bénéfices de la liberté individuelle sont inégalement répartis, et cela de manière croissante, selon que vous ayez ou non les capacités matérielles et culturelles de vous en saisir pleinement.

Quelle solution alors ? Inévitablement, réussir l'exploit d'établir une matrice nouvelle, avec ses normes, ses valeurs, ses institutions, ses rites et règles de vie créateurs de commun, mais une matrice capable d'épouser l'indomptable désir de liberté de chacun. Vouloir revenir sur les conquêtes de l'individu serait illusoire en plus d'être dangereux. Le dogme n'a plus de place au XXIe siècle. Il faut dès lors imaginer un récit mobilisateur et libérateur pour l'individu.

À bien des égards, une écologie émancipatrice, offrant une perspective de salut temporel collectif face à une menace existentielle, tout en apportant davantage d'épanouissement et de bien-être individuel, peut constituer cette matrice nouvelle. Ce serait une formidable source d'engagement universel, bien au-delà du seul militantisme politique. Les actifs peuvent tirer demain leur fierté d'appartenir à des entreprises bras armés de la décarbonation, au lieu de contribuer à une civilisation fossile déclinante. Les familles, dès lors qu'on leur en donne la possibilité, ont tout à gagner au développement du télétravail, de cadres de vie moins pollués et moins bruyants grâce aux nouvelles mobilités et d'une alimentation plus saine grâce à une nouvelle agriculture. Les collectivités et l'État ont un intérêt immédiat à réduire l'ampleur de catastrophes naturelles insoutenables pour les finances publiques. Cette matrice est à même d'apporter des bénéfices spirituels et matériels évidents, et donc de générer de l'engagement.

Jérôme Saddier

Notre nation se caractérise depuis des siècles par la convergence des structures de la société « civile » vers un horizon commun qui constitue un principe : celui de l'intérêt général, conçu comme une transcendance des appartenances et politiquement incarné par le projet républicain.

La fragilisation de ce destin commun (par la concurrence du projet européen, la mondialisation économique, le brassage multiculturel, l'accès sans limites à l'information…) a déstabilisé cette convergence et la « société civile » elle-même. Plutôt que d'être un « tiers état » en mouvement, la société agissante tend à devenir une collection aléatoire de communautés dépourvues d'un idéal commun. Là où, auparavant, il était possible de se mouvoir librement parmi différentes causes et même les associer, la tendance contemporaine à l'assignation, volontaire ou non, à une « identité » fragilise la coalition nécessaire de toutes dans la citoyenneté.

Il faut bien dire aussi que la méthode de gouvernement, depuis plusieurs quinquennats, a eu pour conséquence certaine d'affaiblir la société civile organisée : faux-semblant des conventions citoyennes, mépris à l'égard du Conseil économique, social et environnemental (CESE), défiance à l'égard des partenaires sociaux, fragilisation des organisations représentatives au mieux traitées comme des « clientèles », et même ignorance des organes de concertation prévus par la loi… la barque est lourde côté pouvoirs publics. L'urgence est à la réconciliation de la politique avec la construction du « commun » issu de l'exercice citoyen, et qu'elle serve moins à légitimer un « cercle de la raison » trop sûr de lui.

Sans doute ladite société civile a-t-elle sa part de responsabilité dans cette situation, et nos organisations devront à l'avenir savoir se remettre en cause pour porter de façon toujours plus efficace et légitime la parole citoyenne. Car si la tendance à la « désaffiliation » est avérée, les enjeux collectifs comme le besoin de solidarité demeurent déterminants. Sans doute devront-elles pour cela savoir capter la radicalité qui s'exprime, notamment chez les plus jeunes, et à propos des enjeux écologiques qui bouleversent la notion de « commun ».

Elles devront aussi proposer des raisons d'agir variées et peut-être moins englobantes, plus concrètes et directes.

Elles devront également conserver leur capacité à pratiquer « l'éducation populaire » sur bien des sujets, notamment liés à la transition écologique, ainsi que leur fonctionnement démocratique promoteur de citoyenneté globale. Ces deux dimensions sont d'abord essentielles à la bonne appréhension d'enjeux économiques et sociaux durables, donc à l'articulation entre une vision du monde, le temps de la délibération puis le moment de l'action ; elles sont aussi déterminantes pour l'avenir de notre démocratie, qui n'est pas qu'une affaire d'institutions, mais aussi de pratiques citoyennes à grande échelle.

De ce point de vue, l'économie sociale et solidaire c'est la vie, la société en mouvement, et un projet politique démocratique au service du commun.

Comment susciter l'engagement ?

Gabrielle Halpern

Sur le sujet de l'engagement, nous faisons face à une contradiction : d'une part, l'engagement semble être de plus en plus remis en question par une logique de « zapping » qui apparaît comme un fait de société et qui touche de nombreux domaines de la vie, d'autre part, jamais le besoin de sens et d'utilité de l'action n'a été autant revendiqué et exigé. Et si ce n'était pas l'engagement qui était remis en cause, mais les formes qu'il prenait jusqu'à présent ? Et si notre société était tout aussi engagée, mais différemment qu'autrefois ?

Quelles sont les formes prises par cet engagement ?

Il y a de nombreux signaux faibles d'hybridation qui fleurissent dans tous nos territoires et qui témoignent du fait que nous sommes en train d'apprendre à voir le monde autrement qu'au travers de cases. Du fait de la prise de conscience écologique, la case « ville » explose, avec la végétalisation croissante, les fermes et les potagers urbains, dans une hybridation entre la Nature et l'urbanisme. De nouvelles manières d'habiter s'installent avec le *coliving* où l'on mutualise une buanderie, une chambre d'amis, une cuisine ou encore une voiture à l'échelle d'un immeuble ; des écoles rurales transforment leur cantine en brasserie pour tout le village et ouvrent leurs portes aux personnes âgées pour leur apprendre à se servir d'un ordinateur. Des gares se transforment en musée pour donner au plus grand nombre l'accès à l'art, tandis que des pianos sont installés dans des magasins et des crèches à côté de maisons de retraite…

Nous pouvons parler d'une nouvelle forme d'« engagement par hybridations » qui doit être encouragée, développée, valorisée. Les entreprises raisonnent encore trop par métier, par secteur, par fédération professionnelle ; les décideurs publics et les administrations raisonnent encore trop par catégories se traduisant en normes, réglementations et législations catégorielles ; les écoles raisonnent encore trop par métier et pas assez en termes de compétences, alors que la société a justement besoin d'entrecroiser les métiers, les secteurs, les générations, les activités, les disciplines. Pour susciter, pour rendre possible, pour accompagner cet engagement par hybridations, il sera nécessaire de décloisonner radicalement nos institutions, entreprises, structures, écoles, laboratoires de recherche, administrations, formations et… cabinets ministériels !

Chaynesse Khirouni

Mais c'est aussi par la (re)mobilisation citoyenne, jusque dans les plus petites cellules du corps social, que se trouve le ferment d'un contrat renouvelé et d'un commun reconstruit. Depuis les années 1950, notre organisation sociale, notre urbanisation, les mobilités professionnelles et surtout familiales… ont altéré les solidarités de proximité qui caractérisaient les sociétés rurales et les cités ouvrières. Parallèlement se développaient la solidarité nationale et des politiques sociales ambitieuses nées du Conseil national de la Résistance. Ce mouvement, renforcé par le développement des individualismes, a déconnecté les classes moyennes des populations les plus pauvres. Il conduit à une forme de désincarnation de la détresse sociale. L'autre, le pauvre, le démuni, le fragile… a cessé de nous côtoyer, même s'il nous arrive de le croiser au coin de la rue lorsque l'exclusion prend la forme de la mendicité.

Cet éloignement explique, pour partie, l'incompréhension à l'égard des réalités de l'exclusion. Il nourrit des doutes venimeux sur la pertinence de la dépense sociale, alimenté par des propos populistes évoquant par exemple un « pognon de dingue ». Dans ce contexte, l'engagement citoyen permet de repenser notre manière de faire service public. En encourageant l'immersion militante dans les solidarités humaines que nous faisons vivre au quotidien, nous développerons des passerelles et des compréhensions que seul le réel peut offrir.

Les militants associatifs sont d'ailleurs les meilleurs ambassadeurs des solidarités et leurs témoignages emportent souvent bien mieux la conviction des sceptiques que les discours politiques. Une réflexion sur l'engagement citoyen ne peut faire l'économie d'un hommage à ces milliers de bénévoles qui œuvrent dans le champ social et que nous accompagnons et soutenons. Par exemple, en Meurthe-et-Moselle, avec la mise en place de la plate-forme départementale de l'engagement qui rapproche offre et demande de bénévolat.

Dans le même temps, les départements, chefs de file des solidarités humaines, ainsi que le bloc communal, sont les acteurs clés d'un engagement citoyen qui ne demande qu'à être stimulé et organisé. Ainsi, le conseil départemental de Meurthe-et-Moselle a-t-il développé l'accueil citoyen dans le champ de l'enfance en danger. Avec « Familles solidaires » pour les mineurs étrangers isolés ou le parrainage d'enfants, des citoyens volontaires sont soutenus par nos services dans leur accompagnement de mineurs. Ce sont de merveilleuses alternatives à l'accueil collectif et l'occasion de formidables rencontres.

Jean-Pascal Labille

> « La République c'est le droit de tout homme, quelle que soit sa croyance religieuse, à avoir sa part de la souveraineté[1]. »

Si la confiance des citoyens envers notre système démocratique et les corps intermédiaires pour défendre leurs intérêts et porter leur parole est remise en cause ces dernières années, il n'en demeure pas moins qu'une forme d'engagement dans notre société existe et s'est même renforcée ces dernières années.

Resusciter l'engagement et faire corps dans une société fracturée et désabusée suppose de s'attaquer non seulement au modèle démocratique existant, mais aussi au rôle joué par les corps intermédiaires et des contre-pouvoirs pour soutenir une certaine forme de cohésion sociale.

1. Jean Jaurès, « La question décisive », *La Dépêche de Toulouse*, 23 août 1892.

Le déficit de confiance démocratique se creuse. Pour rétablir cette confiance et soutenir la cohésion sociale, il est impératif que nos démocraties arrivent à mobiliser les citoyens et construisent du lien social. Aujourd'hui, l'engagement social a des difficultés à s'inscrire dans le pouvoir délégué à l'État. Les élections ne sont pas en capacité d'incarner pleinement le débat démocratique. Ce débat doit pourtant avoir lieu dans la société et être porté par les citoyens. En ne replaçant pas le citoyen au centre des questionnements, nous passons à côté de réponses de fond et de l'engagement social et citoyen. En Belgique, au niveau régional, mais également communautaire, des commissions mixtes qui réunissent des citoyens tirés au sort et des députés ont été instituées pour mettre en débat des questions d'intérêt général et alimenter le travail parlementaire.

La méfiance envers les corps intermédiaires s'intensifie. Si les corps intermédiaires peinent à absorber les nouvelles conflictualités qui émergent dans notre société, des groupes qui s'auto-organisent autour de causes précises arrivent quant à eux à mobiliser les citoyens et à entrer en conflit avec les autorités publiques. Nous constatons dès lors que les formes d'engagement politique se sont transformées. Nous en voulons pour preuve le mouvement des Gilets jaunes ou encore les mouvements liés à la crise climatique, qui mobilisent depuis plusieurs années de manière massive un public diversifié. En marge des organisations classiques et historiques, ces mouvements ont réussi à construire un rapport de force en mesure de s'instituer dans la durée. Les corps intermédiaires ont longtemps institutionnalisé le conflit. Ils ont obtenu de nombreuses victoires et les ont inscrites dans la durée. Néanmoins, la manière dont ils fonctionnent aujourd'hui ne leur permet plus d'instaurer une mobilisation réactive et radicale pourtant souhaitée et souhaitable pour installer davantage de justice et d'égalité.

Les questions qui se posent sont de savoir comment il est possible d'instaurer un modèle de démocratie plus participative et de mieux articuler les corps intermédiaires dits « classiques » avec les nouvelles formes de mouvements sociaux. Une partie de la réponse se situe autour du principe de « pluralité des tactiques et des stratégies ». En d'autres termes, notre démocratie doit développer une stratégie davantage participative, mais aussi permettre aux corps intermédiaires de reconnaître la légitimité politique des mouvements sociaux émergents. La spontanéité, la radicalité et le mode d'organisation souple de ces mouvements sont des atouts précieux. La coexistence et le renforcement des pluralités de pratiques de luttes permettront de construire des rapports de force appropriés. La campagne « Fight for $15 », lancée en 2012 à New York, illustre parfaitement la combinaison des modes d'action des nouveaux mouvements sociaux à la force de frappe d'une organisation syndicale de masse ainsi que son impact politique.

Les institutions démocratiques, les corps intermédiaires et les mouvements sociaux doivent avoir conscience qu'ils sont complémentaires et qu'il est souhaitable, pour gagner des combats, de combiner participation citoyenne institutionnalisée, radicalité, temps court et temps long. C'est en agissant à ces différents niveaux que les citoyens seront en mesure de conquérir des nouveaux droits sociaux et politiques et de renouer avec une certaine forme de confiance.

Laurent Berger

Quel est le rôle d'une politique publique ? Sans doute davantage d'expliquer une dynamique vers des objectifs communs que de définir précisément les modalités d'une décision. Redonner du pouvoir d'agir à tous les échelons de la société, voilà qui pourrait être source de mobilisation. Il n'est pas question de restreindre la prérogative des élus désignés par les urnes pour intervenir dans des choix globaux importants pour la France et l'Europe, mais d'associer les citoyens à leur concrétisation, de leur donner le goût de l'engagement. Les hommes et les femmes de ce pays ne se satisfont pas d'être spectateurs de décisions qui leur sont imposées. Notre expérience de militants syndicaux le prouve.

L'enquête « Parlons engagement », que nous avons lancée au printemps dernier, le confirme : 67 % des personnes investies dans un syndicat ou une association qui ont répondu à ce questionnaire ont le sentiment de « choisir leur vie » ; 72 % se sentent plus libres ; 66 % plus utiles. Il faut redonner ses lettres de noblesse à l'éducation populaire. Comment ? En valorisant ses résultats pour le bien-être collectif – parfois modestes vus d'une lunette macro –, mais aussi sa contribution à l'émancipation de chaque individu. L'engagement c'est l'amitié, l'enrichissement par l'échange, le partage de causes communes, l'enrichissement culturel et intellectuel… On ne peut pas constater cyniquement que quatre millions de personnes en France sont tellement isolées qu'elles n'ont pas plus de trois conversations par an sans réagir. Partons de ces sensibilités, de ce besoin de se « frotter » les uns aux autres pour construire collectivement du mieux. Acceptons d'être bousculés par de nouvelles formes d'engagement sans doute plus ponctuelles, peut-être moins cadrées. Laissons les indignations s'exprimer pour en faire des moteurs et pas de stériles colères.

C'est ce que nous avons mis en application avec le collectif le Pacte du pouvoir de vivre. Soixante-cinq organisations (syndicats, associations environnementales ou caritatives, mutuelles…) se sont regroupées pour construire des réponses à une question fondamentale : comment concilier urgence climatique et justice sociale ? Elles ont donné naissance à des groupes locaux qui interviennent désormais à l'échelle de chaque commune, voire de chaque quartier où ils sont implantés. Ces groupes, ce ne sont pas des clubs où l'on échange. Ils essaient, à leur échelle, selon leur environnement, de construire des réponses communes à ces problématiques. Cette focalisation sur l'action qui peut changer la vie est source de motivation. L'engagement ne peut se nourrir de résignation. C'est la soif de changer la vie concrètement qui fait s'engager.

Fabien Cazeaux

Si l'on parle d'engagement sérieux dans la société, la première condition semble être la compréhension des sujets pour lesquels on s'engage. Cette condition en implique à son tour deux autres : la curiosité et l'envie d'apprendre du côté de ceux qui veulent s'engager, la transparence et la pédagogie de la part de ceux qui veulent, en responsabilité, créer les conditions d'un engagement collectif des citoyens dans la société. Avant même d'argumenter et de débattre, de discuter voire de se disputer – ce qui reste une passion française –, il faut savoir de quoi l'on parle. Pour s'approprier un débat, il faut comprendre sur quoi il porte. La pédagogie de sujets complexes comme l'économie, la santé ou la transition écologique constitue sans aucun doute une belle mission que le service public peut se donner.

Dans leur vie privée, dans l'intimité de leur foyer, les Français sont capables de s'intéresser à des sujets très techniques, pourvu qu'ils les concernent de près. Droit, santé, budget… Les Français ne sont pas des veaux, n'en déplaise au Général ! Ils sont capables de comprendre beaucoup de choses, pourvu qu'ils se sentent concernés. Voici donc les deux objectifs que pourrait se donner une véritable pédagogie de l'engagement citoyen : faire comprendre les tenants et aboutissants des grands sujets de société, mais aussi faire en sorte que les citoyens se sentent concernés par eux pour mieux s'y investir.

Cependant, les messagers politiques, économiques, sociaux ou médiatiques doivent démontrer en quoi ils sont légitimes pour poursuivre ce double objectif. Certains, notamment dans le paysage syndical ou médiatique, optent pour des stratégies que l'on pourrait qualifier de « servicielles ». On ne compte plus les reportages dits d'« info pratique » sur les chaînes de télévision. On voit bien l'ambition de certaines confédérations syndicales de mettre en place ce qu'elles appellent un « syndicalisme de service ». Quel impact de ces stratégies qui mêlent conseil, assistance et pédagogie ? Auprès de leurs publics, sans doute la perception d'un lien plus fort et concret avec eux. Quelle limite ? Sans doute celle de réduire le champ de l'action collective à des sujets très précis, trop individuels ou parcellaires, sans resusciter l'envie d'un engagement plus large au sein de la société.

Or, resusciter l'engagement dans la société, cela exige précisément de donner au collectif une certaine primauté sur l'individuel. Cela revient à placer l'intérêt général au-dessus de la somme des intérêts particuliers. Il est peut-être temps d'inverser cette vision héritée des penseurs libéraux du XVIIIe siècle, selon laquelle l'intérêt général serait la somme des intérêts particuliers. Au contraire, si l'on veut resusciter l'engagement dans la société, ne vaut-il pas mieux plaider, dans un monde toujours plus individualiste, que l'intérêt particulier dépend de l'intérêt général ? Sans croissance économique, pas de gain de pouvoir d'achat. Sans Sécurité sociale, pas d'accès aux soins si on ne peut les financer soi-même. Sans commun, pas de particulier.

Marie-Pierre Toubhans

L'ensemble de ces sujets m'amène à rappeler la centralité de l'école et de la formation. Bien évidemment, il ne s'agit pas d'affirmer qu'à elle seule l'école pourrait résoudre les crises sociales, politiques et démocratiques qui fragmentent et divisent les sociétés. Il s'agit, dans un double mouvement, de tenir compte des aspirations actuelles de la jeunesse et de s'engager résolument en faveur de l'école inclusive, qui permet notamment aux jeunes en situation de handicap d'accéder pleinement, comme les autres, à toutes les activités et dimensions de la vie d'élève, y compris les différentes formes d'engagement.

Et la question pourrait être de s'interroger s'il est nécessaire de resusciter l'engagement ou de comprendre de nouvelles formes d'engagement, en dehors des cadres dits traditionnels ? Les jeunes ne s'engagent-ils plus ou s'engagent-ils pour d'autres causes, valeurs, enjeux ?

Dans une publication de mai 2022 de l'Institut national de la jeunesse et de l'éducation populaire (INJEP), Jean-Paul Caille et Mathilde Didier rapportent que quatre collégiens sur cinq (entre 13 et 14 ans) envisagent de devenir bénévoles : lutte contre les discriminations, environnement, aide aux personnes en difficulté, santé et secourisme, autant de sujets fédérateurs pour ces jeunes. Dans une enquête menée au mois de septembre par l'IFOP et l'AGEFIPH en partenariat[1], il ressort que, sur le panel des jeunes en situation de handicap de 18 à 30 ans, 68 % se voient dans dix ans dans une association, et 50 % engagés dans la vie publique.

Les pairs jouent un rôle dans l'engagement des jeunes en situation de

1. Avec LADAPT, Droit au savoir, FIPH-FP, UNML, 100 % Handinamique. L'enquête se base sur un échantillon de 1 014 jeunes représentatif de la population française de 18 à 30 ans et un échantillon de 973 Français en situation de handicap de 18 à 30 ans.

handicap, que celui-ci repose sur une logique de soutien, d'élaboration d'un plaidoyer, de défense des droits ou des intérêts matériels et moraux… Au-delà de la construction individuelle, identitaire, de la visibilité et de l'innovation sociale, cette forme d'engagement permet aussi l'émergence d'un militantisme spécifique, subversif, en ce qu'il questionne les normes de la société.

Les jeunes en situation de handicap sont aussi et avant tout des jeunes, et pour favoriser leur engagement au sein des organisations de jeunesse, l'accessibilité des lieux de réunion et des transports, des modalités des rencontres, ainsi que la sensibilisation et la formation des cadres associatifs sont incontournables. Car il s'agit bien de permettre aux jeunes en situation de handicap d'être des jeunes à part entière, de participer à tous les aspects de la vie lycéenne et étudiante, d'apprentis, de jeunes travailleurs. L'enjeu est de leur permettre d'oser pour accéder à ces logiques d'affiliation par l'information, l'accompagnement et l'accessibilité, nécessaires à la participation effective.

Ghada Hatem

L'engagement militant n'a pas disparu de la société. Bien au contraire ! Il a simplement évolué pour devenir plus spontané et davantage centré sur des causes à défendre.

Les organisations traditionnelles, comme les partis politiques, les associations ou les syndicats, ont beaucoup moins la cote. Les raisons de ce désintérêt sont multiples et déstabilisent une partie de la société habituée à ces organisations qui ont montré leur efficacité par le passé.

Question générationnelle peut-être ? Les jeunes ont su, ces dernières années, inventer de nouvelles formes d'engagement : création de collectifs citoyens, mobilisation sur les réseaux sociaux, organisations de manifestations nationales, voire internationales… Le point commun de cet engagement 2.0 est la capacité à mobiliser très rapidement pour défendre une cause ou une personne. Plus besoin d'assemblées générales, de fédérations nationales ou locales… La mobilisation peut se faire en quelques heures seulement.

Au-delà de ces nouvelles formes d'engagement, une autre question se pose : celle de la capacité à pouvoir donner de son temps. En effet, s'investir dans une association ou dans un collectif demande de la disponibilité. Or, dans nos vies riches et intenses, il est parfois difficile de trouver le temps nécessaire pour défendre une cause qui nous tient à cœur. L'adage : « métro, boulot, asso, dodo » est-il, dans les faits, déclinable ?

Outre la question du temps, il est intéressant d'analyser les motivations qui conduisent à s'engager. À la Maison des femmes, nombreux sont ceux qui poussent la porte de l'association pour proposer une aide ou un projet, pour compenser parfois le sentiment que le métier qu'ils exercent manque de sens et les engage dans une course à la performance déshumanisante. Cet intérêt pour la cause des femmes victimes de violences est encourageant et prouve une fois de plus la générosité de certains à l'égard des plus fragiles. Ce don de soi et cette recherche de sens doivent aussi nous amener à réinterroger nos modes de vie, nos métiers.

Le discours puissant des étudiants fraîchement diplômés de l'école d'ingénieur AgroParisTech en est la preuve. Si ce discours radical et inattendu dans ce type d'école a eu un tel retentissement, c'est qu'il interroge l'essence même de notre existence. Le refus de travailler pour un système jugé destructeur, se priver d'une carrière toute tracée pour vivre plus sobrement dans le respect de l'environnement, n'est-ce pas aussi une nouvelle forme d'engagement ?

Sur ce même registre, un autre sujet fait régulièrement débat : la semaine de quatre jours. Certaines entreprises, en France comme en Europe, commencent à expérimenter ce modèle permettant de consacrer une journée par semaine à d'autres activités que le travail. Le sujet fait débat, car la question économique se pose aussitôt. Est-ce viable si tout le monde travaille un jour de moins par semaine ? Cette question est certes cruciale, mais laisser à notre société le temps de se consacrer à des activités non lucratives est sans doute une option qui permettrait de trouver un meilleur équilibre et *in fine* mieux vivre ensemble.

L'engagement n'est donc pas mort. Il est même bien vivant et prend des formes différentes. Parfois désorganisé, avec les risques que cela comporte, mais face à une société désaxée et en perte de sens, ne faudrait-il pas repenser cet engagement en réorganisant le temps de travail pour lui laisser plus de place ?

Pascal Demurger

L'installation de cette matrice est loin d'être établie aujourd'hui. Bien que la prise de conscience écologique soit de plus en plus marquée, la traduction en normes, institutions, rites et règles de vie reste très inachevée au regard de l'ampleur des changements à engager. La difficulté étant que plus le temps passe et plus les ruptures risquent d'être brutales.

Les États, bien sûr, ont la responsabilité de conduire ce changement, à l'échelle internationale et nationale, en fixant des objectifs contraignants et en investissant massivement pour permettre la sortie de la civilisation du carbone et la préservation de la biodiversité. Mais c'est en réalité chaque composante de la société qui doit contribuer à cette transformation. L'école, les médias, les ONG, les syndicats comme vecteurs d'une vision commune, la puissance publique et le monde économique comme moteurs de la transformation, la société et les individus comme inventeurs d'imaginaires et de modes de vie nouveaux.

Bien qu'il faille faire preuve de volontarisme, cette nouvelle matrice ne pourrait s'imposer de manière verticale et doit au contraire fonctionner de manière aspirationnelle. Une matrice n'est pas une série de mesures techniques, mais bien un projet de société rassembleur. Une transition écologique réussie ne peut donc qu'être démocratique. Il faut espérer que la prise de conscience croissante du coût de l'inaction conduira à des adhésions et mobilisations majoritaires au sein de nos sociétés.

À son échelle, par exemple, la MAIF tente de contribuer à cette révolution. Comme acteur financier d'abord, en ayant adopté une stratégie climat excluant les énergies fossiles de ses investissements et placements. Comme assureur, en favorisant par exemple l'économie circulaire pour la réparation des biens de nos sociétaires. Comme employeur, en soutenant le télétravail, l'usage du vélo et des transports en commun, les économies d'énergies et le recours à des produits biologiques et locaux dans nos cuisines. Enfin, comme marque en épousant pleinement la bascule écologique dans nos messages destinés au grand public. L'adhésion de nos sociétaires et de nos collaborateurs à cet effort collectif constitue à mes yeux une preuve de la capacité mobilisatrice de cette nouvelle matrice.

Jérôme Saddier

L'engagement au service du collectif souffre d'abord indéniablement d'une promesse d'avenir insuffisamment forte et mobilisatrice : la domination idéologique du capitalisme et les méandres de la démocratisation du monde depuis une trentaine d'années ont perverti les fondements des principales raisons d'agir. Il demeure des ferments, souvent à l'échelle des quartiers, des territoires – et ils sont précieux. Et puis il y a la radicalité du combat écologique, dans la mesure où il enchâsse non seulement les enjeux climatiques et de la biodiversité, mais aussi les enjeux de la cohésion sociale et territoriale. Il faut entendre et prendre en compte cette radicalité. Le risque d'intransigeance qu'elle comporte n'est que peu de chose comparé au risque de l'indifférence aux enjeux et à ceux qui les portent – a fortiori dès lors que cela concerne les plus jeunes qui se forgent ainsi une conscience politique.

Il s'agit néanmoins de réconcilier cette radicalité avec une vision de l'avenir dont la concrétisation soit subordonnée à des moyens d'action réalistes – actuels ou à inventer. Ces moyens résident parfois dans la science, souvent dans l'organisation et la régulation des activités productives (y compris celles de l'économie solidaire et sociale), mais aussi toujours dans la réinvention d'espaces démocratiques et de citoyenneté active. Notre rapport au temps sera essentiel pour opérer cette réconciliation : l'urgence climatique existe – elle est avérée scientifiquement, mais il est probable que le moment des choix structurants de politique publique, ou même celui des changements de comportements individuels, soient désormais dépassés. Nous entrerions alors dans l'ère de l'adaptation, faute de pouvoir changer de modèle.

Comme un faux-semblant, il est à craindre que cette ère de l'adaptation soit bien plus dangereuse que celle du changement de modèle, car elle peut être génératrice de bien des tensions et inégalités. De fait, la cause de la réconciliation a besoin de militants : pour favoriser la parole citoyenne, la transformer en propositions et en actes, organiser la conciliation des intérêts… Il ne s'agit rien de moins que réconcilier la démocratie avec son temps d'action.

Enfin, dans un monde gagné par la marchandisation, c'est le mouvement et l'action consumériste qui sont sans doute à réinventer. Les organisations de consommateurs ont pour la plupart dérivé vers la seule considération du « moindre coût », qui n'est certainement pas la doctrine la plus compatible avec les enjeux d'une société écologiquement plus responsable tout en demeurant plus solidaire que jamais. C'est le référentiel de ces organisations qui est à revoir, ou alors il faudra en inventer de nouvelles. Les mutuelles pourraient faire le pari d'incarner ce nouveau mouvement : ne sont-elles pas déjà des organisations de « consommateurs de soins » responsables, agissant concomitamment sur l'offre et la demande au moyen de leur double qualité d'assurés et d'assureurs ? Pourquoi ne pas aller plus loin ?

Comment lutter contre la pauvreté et les inégalités ?

Gabrielle Halpern

La démultiplication des tiers lieux, l'essor du *coliving*, du *coworking*, du *cofarming* ou encore du *crowdfunding* provoquent la création de nouveaux temps de rencontres, d'espaces de vivre-ensemble, de possibilités de partenariats et de projets communs. Tout cela contribue à l'édification de nouveaux points de repère, de « lieux repères » qui recréent du lien là où l'on se croisait sans se rencontrer. De ce point de vue, par exemple, les partenariats croissants entre les musées et les centres commerciaux ou les gares pour donner accès au plus grand nombre à l'art sont intéressants.

L'économie sociale et solidaire peut apporter un certain nombre de solutions dans la lutte contre les inégalités sociales. En effet, il s'agit d'une économie hybride par excellence – un vrai mariage improbable ! –, puisqu'il s'agit d'hybrider une logique économique et une logique sociale et solidaire – qui a priori n'ont rien à voir ensemble et semblent contradictoires. C'est l'exemple type de contradiction qui balaie nos vieilles catégories et nos préjugés, et qui nous montre que de deux choses, on peut en faire une troisième. Ce pas de côté libérateur, c'est tout le sens de l'économie sociale et solidaire. Non seulement cette économie est en phase avec une société hybride, mais elle en est la traduction visionnaire, l'incarnation pionnière. Du fait de la prise de conscience sociétale des entreprises les amenant à s'interroger sur leur utilité sociale, du fait de la nécessité d'impliquer et d'associer les salariés dans la gouvernance sans quoi ils partiront ailleurs, il est évident que, progressivement, l'économie sociale et solidaire s'imposera comme le modèle de demain. L'entreprise veut-elle jouer un rôle sociétal, comme elle l'affirme de plus en plus ? Veut-elle être un point de repère de la société ? Très bien, mais elle devra considérer la société comme son point de repère. En inventant de nouveaux outils, de nouvelles manières de collaborer ou d'animer un réseau, les jeunes générations peuvent permettre à l'économie sociale et solidaire d'aller encore plus loin dans l'incarnation des valeurs qu'elle défend. Cette génération, en quête de sens, a compris que le mot « innovation » n'est pas une valeur en soi. Innover pour innover est absurde ; en revanche, mettre l'innovation au service de l'utilité sociale a du sens.

Dans l'Antiquité grecque, il existait une déesse de la jeunesse, Hébé. Elle avait un autel à Athènes, autour duquel les foules se pressaient pour lui rendre hommage. Aujourd'hui, quand rendons-nous hommage à la jeunesse ? Notre société retrouvera tout son sens le jour où elle recommencera à croire en sa jeunesse et où elle comprendra que c'est l'avenir qui donne un sens au passé, et non l'inverse.

Chaynesse Khirouni

Dans le domaine de la lutte contre la pauvreté, l'implication citoyenne est aussi un pilier de l'action publique. Et la réconciliation du pays avec lui-même ne pourra pas faire l'économie d'une lutte déterminée contre ce fléau, car, comme l'écrivait Pascal Brice, président de la Fédération des acteurs de la solidarité, dans une tribune au *Monde* en avril 2022 : « de notre mobilisation collective contre la précarité et la pauvreté dépend bien la santé démocratique du pays ».

Un combat difficile, car l'État ne s'est jamais mobilisé durablement contre la pauvreté. Le récent abandon de la réforme des minima sociaux l'illustre. De même, la stratégie mise en place en 2019, si elle a eu quelques effets stimulants, s'avère au final d'un technocratisme centralisateur.

J'observe surtout que les mesures prises durant le quinquennat qui vient de s'achever ont fait baisser le niveau de vie des 5 % des Français les plus défavorisés selon une étude de l'Institut des politiques publiques. La récente réforme de l'Assurance chômage va encore dégrader la situation de nombreux salariés précaires. Comment parler de cohésion, de solidarité et de contrat social dans ces conditions ? Comment faire commun dans une République qui compte près de dix millions de pauvres, dont un enfant sur cinq ?

Les outils de lutte contre la précarité sont connus : de l'insertion sociale et économique en passant par l'aide alimentaire et l'accès à l'éducation et à la culture. Il ne s'agit plus aujourd'hui de limiter les effets de la pauvreté, mais bien de l'éradiquer. Depuis 1998, le conseil départemental de Meurthe-et-Moselle a mis cette lutte au cœur de son engagement. Considérant le revenu de solidarité active d'abord comme un revenu de subsistance et une protection contre la misère, il revendique l'automaticité de l'ouverture des droits (dont il est enfin à nouveau question…) et la recentralisation du financement de l'allocation dans un souci de solidarité nationale.

Aujourd'hui, avec neuf départements de gauche, la Meurthe-et-Moselle affirme la nécessité d'un revenu de base. Car, peut-être faut-il rappeler l'évidence : si la pauvreté se manifeste d'abord par un manque d'argent, le premier outil pour y remédier consiste à en donner davantage à celles et ceux qui en manquent au point de ne pouvoir se nourrir, se loger, se déplacer… correctement. Un revenu de base de l'ordre de 1 000 euros mensuels répondrait à cet impératif tout en libérant le pouvoir d'agir et la capacité des personnes à s'engager dans des projets.

À son échelle, le département de Meurthe-et-Moselle va expérimenter le principe d'un revenu d'émancipation pour les 18-25 ans. Il doit permettre aux jeunes les plus modestes de devenir autonomes, se projeter et faire face aux obstacles financiers qui jalonnent les premières années de leur vie d'adulte.

Refaire commun, c'est donc à la fois repenser nos institutions en laissant notre démocratie respirer et une République qui renoue avec sa vocation sociale et protectrice, déterminée à éradiquer la pauvreté et engagée dans une transition écologique tout aussi collective que radicale. Une République qui donne aux acteurs locaux l'autonomie d'initiative et d'expérimentation. Une autonomie qui mise sur l'engagement citoyen et dont la participation est nécessairement la méthode.

Jean-Pascal Labille

Le renforcement de l'État social (qui repose sur des services publics forts, une sécurité sociale en capacité d'assurer le bien-être social des citoyens et le droit au travail) constitue la meilleure des solutions pour lutter contre l'exclusion sociale et la pauvreté.

Les prémices de notre Sécurité sociale datent du début du XIXe siècle. Les travailleurs se sont organisés pour créer des dispositifs solidaires d'aide à destination de celles et ceux qui en avaient le plus besoin. Au fil du temps, ces dispositifs ont évolué et certaines couvertures sont devenues obligatoires. La notion de risque ainsi que l'absence de responsabilité du travailleur s'est progressivement installée. Un double mécanisme de solidarité est né. Les richesses sont redistribuées des personnes les plus riches vers les plus pauvres (solidarité verticale) et entre catégories sociales – des jeunes vers les plus âgés, des travailleurs vers les chômeurs, des personnes en bonne santé vers les malades – (solidarité horizontale). Alors que, jusque-là, la responsabilité face aux risques de la vie reposerait essentiellement sur l'individu, la Sécurité sociale instaure une véritable révolution et un pas décisif vers le progrès social par l'intégration de la notion de responsabilité collective face aux risques de la vie.

La Sécurité sociale, en tant que mécanisme de solidarité et de cohésion sociale, garantit une couverture universelle à même de garantir une protection face aux risques économiques, financiers, sociaux et démographiques, et par conséquent une vie digne et émancipatrice pour chaque citoyen.

Certains remettent en question cet acquis fondamental. Un des arguments des détracteurs de la Sécurité sociale est qu'elle ne serait pas payable. Il faut pourtant avoir à l'esprit qu'aujourd'hui, les dépenses en Sécurité sociale représentent à peine 31,4 % du PIB en France.

Par ailleurs, ce dispositif a montré son efficacité en matière de lutte contre la pauvreté. Face au Covid-19, le système a joué un véritable rôle d'amortisseur de la crise. Il n'a jamais été aussi évident que notre Sécurité sociale était performante, essentielle à la qualité de vie des citoyens et un véritable barrage contre les inégalités sociales et la pauvreté. Elle a permis de soutenir les citoyens, de prévenir certains risques et surtout d'accéder aux soins de santé. En comparaison, les États-Unis ont vu plus de cinq millions d'Américains perdre leur assurance santé durant la crise suite à la perte de leur emploi.

Il faut souligner également que de nouveaux risques et besoins émergent, de manière encore plus visible suite aux effets de la crise sanitaire. Les besoins monétaires et en santé ont explosé. Il apparaît dès lors inévitable de soutenir une évolution de la Sécurité sociale face à de nouveaux besoins/risques sociaux (santé mentale, vieillissement, transition écologique, etc.) ainsi qu'à de nouveaux groupes à risques (familles monoparentales, personnes âgées, etc.). Il est également essentiel d'inclure les questions climatiques et d'investir des efforts dans les productions socialement et écologiquement utiles.

Nous pensons qu'il est temps de construire un nouveau Pacte social et écologique[1] pour repenser la Sécurité sociale et bâtir un État social fort et ambitieux. Ce pacte doit, dès lors, être en mesure de soutenir : la solidarité et la cohésion sociale ; la démarchandisation et l'accessibilité ; le travail de qualité (opposé à l'activation) ; les services publics accessibles et de qualité ; le développement durable et la redistribution des richesses.

1. URL : <http://pactesocialecologique.org/>.

Instaurer une société cohésive et renforcer le rôle de l'État social est avant tout une question de choix. Un choix collectif et politique qui suppose une volonté de créer du lien, de lutter contre les inégalités, de stimuler la participation citoyenne et de s'en donner les moyens.

Laurent Berger

La lutte contre la pauvreté doit concentrer une grande partie des efforts de la puissance publique et de la collectivité dans son ensemble. Il n'est pas normal de compter dix millions de pauvres en France et de constater qu'un enfant sur cinq vit sous le seuil de pauvreté. Avec le Pacte du pouvoir de vivre, nous proposons que chaque décision soit prise au regard de son impact sur les 10 % les plus pauvres. Cette revendication éviterait bien des erreurs, comme la diminution des APL et des discours hors sol sur le véritable impact d'une mesure qui touchaient les plus démunis.

Elle ouvrirait également la voie à une autre appréciation de la richesse de notre pays. On ne peut plus se contenter d'aligner les bons ou mauvais chiffres du PIB pour estimer l'état de santé d'une société. Si la croissance du PIB a permis de financer des progrès sociaux sans commune mesure à travers l'histoire, elle masque une grande partie de la réalité de la société et s'avère insuffisante pour donner du sens à notre développement. Des indicateurs mesurant les inégalités de revenus, le taux de pauvreté, les sorties précoces du système scolaire, l'espérance de vie en bonne santé, l'empreinte carbone… sont tout aussi importants. Ils donneraient un autre éclairage sur l'inégale répartition de la richesse. Aujourd'hui, plus de la moitié des travailleurs gagnent moins de 2 000 euros par mois quand 1 % d'entre eux perçoit plus de 7,5 fois le SMIC net. Ces écarts de salaires sont encore plus mal vécus quand ils sont constatés au sein d'une même entreprise. C'est pourquoi nous réclamons l'instauration d'un rapport maximal entre les plus basses et les plus hautes rémunérations d'un collectif de travail, l'interdiction de verser des dividendes aux actionnaires sans intéressement ou participation pour les salariés. Ces écarts de traitement sont autant de petits accrocs à la cohésion sociale, autant de coups de canif dans la conviction démocratique.

Ils sont d'autant moins acceptés que la situation économique récente a changé la donne. Les travailleurs les moins bien payés ou ceux qui subissent des temps partiels imposés sont pris à la gorge par une inflation inédite qui touche d'abord les biens de première nécessité. Il n'est pas normal que des branches ne relèvent pas leur bas de grilles pour éviter le tassement et l'absence de perspectives d'évolution. Celles qui reçoivent des soutiens de la collectivité doivent obligatoirement négocier des hausses de salaire sous réserve de voir les aides s'éteindre ou diminuer. C'est une question de justice et de responsabilité. Il faut dans le même temps remonter les minima sociaux pour répondre à l'augmentation du coût de la vie, mieux cibler les aides pour permettre à ceux qui sont le plus en difficulté de payer leurs factures d'énergie et accompagner plus fortement la politique de rénovation thermique des logements, redoubler d'efforts pour que chacun puisse s'alimenter correctement…

Une société se grandit en étant attentive aux plus pauvres. Mais pour répondre à cette exigence, il faut opter pour des choix fiscaux importants. La détention du patrimoine par quelques-uns représente l'une des plus grandes injustices de notre société. Certains observateurs avisés ont d'ailleurs alerté sur le risque d'un retour à une société de rentiers, comme dans les années 1920 : 10 % des ménages les plus riches possèdent actuellement 50 % de la richesse nationale ; les 50 % les plus modestes, seulement 5 %. Il est grand temps de rééquilibrer la balance. Réformer le système fiscal, c'est se donner des marges de manœuvre pour investir dans les composantes du meilleur des boucliers contre les inégalités : l'éducation et la protection sociale.

Voilà un beau projet d'engagement collectif !

Fabien Cazeaux

Lutter contre un phénomène pose tout d'abord la question de sa mesure. Celle du taux de pauvreté, critère purement monétaire de revenu individuel rapporté au revenu médian, a le mérite de fournir un indicateur dont on peut suivre l'évolution dans la durée. Bien qu'imparfait, car ne prenant pas en compte des critères extrafinanciers comme l'espérance de vie en bonne santé, l'alimentation ou l'accès aux soins, il retentit comme un signal d'alerte lorsqu'on le voit grimper, et peut ainsi servir de boussole aux décideurs publics.

Le phénomène d'entrée en pauvreté semble relativement bien documenté. Perte d'emploi, divorce, accident de la vie… les raisons pour lesquelles on entre en pauvreté font assez fréquemment l'objet d'études statistiques, en France et à l'étranger. La hiérarchie des causes peut varier selon les pays et les époques, tout comme les réponses à apporter dès lors que l'on souhaite s'attaquer aux principaux moteurs d'entrée en pauvreté.

En revanche, les sorties de pauvreté semblent beaucoup moins étudiées, alors qu'une analyse régulière et plus fine des raisons pour lesquelles on sort de la pauvreté permettrait sans doute d'identifier – ou de confirmer – d'efficaces leviers d'action : mobilité professionnelle ou géographique, revalorisations salariales, successions… L'exploration plus minutieuse de ces phénomènes et de leur impact sur les sorties de pauvreté permettrait probablement de dégager de nouvelles pistes de réflexion.

La lutte contre la pauvreté nécessite donc aussi une meilleure coordination des efforts publics et privés. On constate souvent, sur le terrain, de fortes disparités entre différents territoires en fonction de l'implication des interlocuteurs de terrain : élus, employeurs, caisses d'allocations familiales, Pôle Emploi, missions locales, Assurance maladie... Plus ces parties prenantes du combat contre la pauvreté travaillent en réseau, plus les résultats sont à la hauteur des attentes. Leur coordination devrait sans doute être encore plus encouragée, pilotée, afin de réussir « en bas », sur le terrain, ce qui ne peut être décidé exclusivement d'« en haut ». La complémentarité entre les différents échelons de décisions, territoriaux et nationaux, mérite encore d'être repensée.

Au-delà de la pauvreté, la lutte contre les inégalités sociales appelle enfin des réponses plus structurelles, davantage ancrées dans le long terme, dans un pays où le système éducatif est régulièrement pointé par les comparaisons internationales qui en font l'un des plus inégalitaires au monde. Un constat qui en alimente forcément un autre, plus financier, dressé par l'INSEE en mai 2022 : plus les parents se situent vers le haut de l'échelle des revenus en France, plus leurs enfants ont de chances d'y gravir encore quelques marches. Les inégalités sociales, économiques et culturelles ne viennent donc pas de nulle part. Lutter contre les inégalités sociales, c'est d'abord lutter contre leur perpétuation.

Marie-Pierre Toubhans

Certaines études montrent combien l'origine sociale agit négativement sur les parcours des personnes en situation de handicap, plus que les situations de handicap elles-mêmes. Ainsi, les panels de la Direction de l'évaluation, de la prospective et de la performance (DEPP), qui suivent depuis 2013 des élèves bénéficiant d'un projet personnalisé de scolarisation nés en 2001 et 2005 montrent le lien entre le parcours de l'élève, son mode de scolarisation et son trouble déclaré, l'origine sociale venant renforcer ces inégalités de parcours. Les inégalités se cumulent et il convient de souligner que l'hétérogénéité des parcours des élèves en situation de handicap relève pour partie des inégalités sociales. L'enjeu de l'école et de l'éducation inclusives pour tous et pour chacun est crucial parce qu'il réinterroge le fonctionnement du système éducatif, la pédagogie et la didactique, les aménagements et les adaptations ; la façon de faire école constitue à n'en pas douter le moyen de transformer l'école pour répondre aux besoins du plus grand nombre.

Dire qu'être en situation de handicap expose à la pauvreté, c'est enfoncer une porte ouverte. Évoquer les ressources des personnes en situation de handicap, dans le contexte actuel, c'est évidemment faire le lien avec l'enjeu de déconjugaliser l'allocation adulte handicapé, c'est-à-dire ne pas prendre en considération dans le calcul de l'allocation les revenus du conjoint et permettre à chacun de pouvoir vivre de manière indépendante. Cette individualisation a fait l'objet d'une recommandation du comité des droits des personnes handicapées en septembre dernier, d'une mobilisation associative et citoyenne, et d'une proposition de loi. Ce devrait être une des mesures immédiates après une année de refus et de tergiversations.

Enfin, pour répondre aux inégalités sociales et territoriales, à la nécessité du soutien à l'autonomie comme moyen d'accompagnement et d'émancipation, la construction du cinquième risque de protection sociale, quels que soient l'âge, l'état de santé ou la situation de handicap, doit être investi d'une ambition commune, basée sur une réelle co-construction, et s'appuyer sur la création d'un service public permettant des réponses de qualité, quel que soit le territoire. L'enjeu est de taille, il s'agit bien de la création d'un droit universel dont il faut assurer le financement.

Pour conclure, agir sur les inégalités sociales, c'est agir simultanément pour l'égalité réelle et une autre répartition des richesses. Car la France, en dépit des crises traversées, n'a jamais été aussi riche ! Pensons donc que le PIB par habitant est passé de 9 150 euros en 1980 à 36 520 euros en 2021[1].

L'enjeu est immense. C'est plus de démocratie, de liberté, d'égalité et de justice sociale dont nous avons besoin pour répondre aux fragmentations de la société française. Et, comme l'écrivait le poète, « il est grand temps de rallumer les étoiles[2] ».

1. Source INSEE, en monnaie courante.
2. Guillaume Apollinaire, *Les mamelles de Tirésias*, 1917.

Ghada Hatem

L'accès aux soins dans notre pays est gratuit. Toute personne qui se rend à l'hôpital public bénéficiera de la même attention et des mêmes soins, quelle que soit sa situation. C'est toute la richesse et la singularité de notre système de santé, parfois imparfait, mais toujours égalitaire, du moins en théorie.

Que ce soit dans le domaine de la santé ou dans un tout autre domaine, derrière les volontés sincères de lutter contre les inégalités et la pauvreté se cache parfois une réalité différente. L'accès aux soins en France est universel, mais, pour des raisons économiques ou culturelles, tous n'en bénéficient pas aussi facilement.

Prenons un exemple représentatif de ces inégalités : le développement des soins dits ambulatoires. Cette pratique, plébiscitée par l'hôpital, car génératrice d'économies en personnel, peut devenir contraignante pour des personnes isolées ou qui vivent à distance de l'établissement de santé et pour lesquelles dormir sur place serait infiniment plus simple. Mais, plus fréquemment encore, pouvoir bénéficier d'une consultation devient très compliqué pour les patients avec un emploi précaire. Impossible pour eux de s'absenter facilement de leur travail, ils en sont réduits à consulter souvent trop tard, voire à reporter une intervention pourtant urgente.

À ces freins économiques s'ajoutent souvent des freins socioculturels. Les soins dits préventifs, comme les dépistages de cancer, le suivi régulier chez les spécialistes sont aussi moins fréquents chez les personnes fragiles. À titre indicatif, une femme sur deux âgée de plus de 50 ans ne réalise pas de mammographie alors que cet acte est recommandé pour une prise en charge précoce du cancer du sein, et surtout entièrement pris en charge par la Sécurité sociale.

Enfin, la mauvaise maîtrise de la langue française, qui rend compliqué le dialogue avec les soignants, impose le recours à l'interprétariat, mais surtout augmente sensiblement la durée des consultations dans un environnement sanitaire déjà très contraint. Cette mauvaise maîtrise de la langue rend par ailleurs certaines femmes dépendantes de leur conjoint, donc contraintes de ne pas s'exprimer librement.

L'idée de construire une Maison des femmes est née en partie de ces observations. Les femmes victimes de violence ou en recherche d'accompagnement psychologique et médical ne savaient pas toujours vers qui se tourner pour être écoutées, soignées et accompagnées. Regrouper les professionnels de santé (médecins, sages-femmes, psychologues…) sous un même toit permet de mieux suivre ces femmes et d'éviter qu'elles ne se perdent dans les méandres des systèmes hospitalier et administratif. Quel que soit le problème rencontré, chaque femme peut franchir la porte de la Maison des femmes et bénéficier de toute l'aide nécessaire. Depuis son ouverture en 2016 à Saint-Denis, plusieurs Maisons des femmes ont été inaugurées un peu partout sur le territoire français, preuve de la pertinence de cette nouvelle forme de prise en charge.

L'accès aux soins est donc en théorie possible pour toutes et tous, mais, dans les faits, les freins y sont nombreux. Lutter contre les inégalités et la pauvreté dans le milieu de la santé nécessite de bien identifier les angles morts qui pourraient entraver l'efficacité des politiques publiques proposées. Une meilleure accessibilité au soin permet de lutter contre certaines inégalités générées par la pauvreté. Cet enjeu de l'accessibilité doit être systématiquement pris en compte lorsqu'une politique publique se construit.

La capacité de cette nouvelle matrice à réduire les inégalités sociales et à ne pas en générer de nouvelles est bien entendu une condition *sine qua non* de sa réussite. C'est une question morale, mais aussi d'efficacité : un projet de société dont les bénéfices et les inconvénients seraient injustement partagés ne peut qu'échouer, voire conduire à l'affrontement généralisé.

Si, de nouveau, la puissance publique est en première ligne pour établir le cadre et mobiliser les moyens pour plus d'égalité, les acteurs économiques ont une responsabilité évidente. Créateurs de richesses, ils peuvent en favoriser un juste partage. Moteurs du changement, ils peuvent mettre leur puissance au service d'un monde inclusif.

En interne d'abord, en agissant sur les salaires. La MAIF a par exemple fait le choix de maintenir en son sein un rapport entre la rémunération la plus basse et la plus élevée de l'ordre de 1 à 20, avec un salaire minimal fixé à 500 euros par mois au-dessus du SMIC. Cette modération à l'égard des salaires les plus élevés garantit l'appartenance de tous à une même communauté. L'État actionnaire a lui-même montré la voie en plafonnant le salaire maximal à 450 000 euros par an pour les entreprises publiques. Il faut désormais que les entreprises s'emparent du problème de façon beaucoup plus volontariste.

Mais c'est bien dans leurs cœurs de métier qu'elles doivent intégrer la question de la justice sociale. Par construction, une mutuelle est soucieuse de solidarité : son objet n'est pas de faire du profit, mais de protéger ses sociétaires face aux risques. Toutefois, cette évidence théorique doit se vérifier en pratique. En particulier face au défi écologique. D'ores et déjà, des pans entiers du territoire national, et donc leurs habitants et leur habitation, sont soumis à des catastrophes climatiques de plus en plus fréquentes et intenses. Sécheresses, inondations, feux de forêt : d'évènements rares aux coûts de réparation maîtrisables il y a encore quelques années, ces catastrophes deviennent la norme et interrogent les modèles économiques des assureurs. Pour un assureur d'habitations comme la MAIF, la question est simple : comment continuer demain de remplir notre mission de protection à un prix tolérable dans les territoires les plus exposés aux conséquences du dérèglement climatique ? Une logique de marché pure conduirait soit à augmenter les prix de manière exponentielle, soit à se retirer totalement de certains territoires. Et il s'agit très directement d'une question sociale, car ce sont les ménages les moins aisés qui ne pourront pas déménager dans des lieux plus cléments et se retrouveront donc sans protection face à des risques croissants. Comme mutuelle, la MAIF se doit d'apporter une réponse solidaire et elle le fera. Mais elle n'apportera qu'une partie de la solution. Ce qui illustre l'importance de la convergence collective pour faire matrice. Pour réussir, c'est bien chaque composante de notre société qui doit poursuive le même but : mener une transition écologique socialement juste.

Jérôme Saddier

La source de l'engagement mutualiste est le combat pour l'égalité devant la santé et la réduction des inégalités sociales qui compromettent celle-ci. Le carcan réglementaire en a décidé autrement, en faisant de la complémentaire santé un commerce et en fragilisant les libertés mutualistes qui étaient fondées sur une solidarité choisie. L'activité d'assurance n'est donc plus, pour le mouvement mutualiste, le moyen privilégié pour mener ces combats, mais il demeure trois champs d'action par lesquels il pourrait renouer avec le sens profond de son engagement.

D'abord au moyen de nouveaux mécanismes de redistribution mutualiste. Le discours général sur le réinvestissement des bénéfices au profit de tous est largement inaudible à l'heure de l'augmentation continue des dépenses de santé et des cotisations. Sans individualiser ce « dividende mutualiste » ni l'indexer sur les comportements (ce qui serait peu conforme à l'esprit mutualiste), il conviendrait néanmoins d'explorer d'autres voies de partage de la valeur, comme les coopératives le font notamment. L'adhérent ayant par ailleurs de moins en moins de prise sur ce qui le concerne (du fait de la réglementation omniprésente et des contrats collectifs), la réhabilitation de la non lucrativité est essentielle à l'avenir du principe mutualiste. Ce serait d'ailleurs cohérent avec le souci du mouvement de se préoccuper du « pouvoir de vivre ».

Ensuite, les mutualistes s'honoreraient à jouer la carte du « droit à l'emploi ». Ils sont légitimes et intéressés à l'invention de solutions d'emplois sur les territoires qui seront toujours moins coûteuses que le chômage. « Territoires zéro chômeur de longue durée » a fait la démonstration qu'il est possible de créer des emplois en partant des besoins et en mobilisant des acteurs locaux ; les mutualistes pourraient ainsi soutenir la création et le développement des « entreprises à but d'emploi ». Si les mutuelles veulent continuer d'être des actrices essentielles d'une protection sociale universelle et intégralement solidaire, elles doivent considérer que le plein emploi est leur cause en tant que « bien social de première nécessité ».

Enfin, chacun sait désormais combien les inégalités sociales constituent un facteur puissant d'inégalités devant la santé. Leur traitement « radical » justifierait un investissement mutualiste sur des thématiques plus ou moins nouvelles, mais non assurantielles : les thèmes du mal-logement, de la santé environnementale, de l'alimentation… et plus largement des déterminants de santé sont devenus essentiels pour la légitimation de l'action mutualiste au-delà de ses activités habituelles dans le monde de l'assurance ou de l'accès aux soins.

Ces trois propositions s'éloignent des principes d'action classiques des mutuelles, mais elles contribuent fortement à réduire les inégalités sociales. Elles supposent aussi un réinvestissement dans l'action collective fédérative, et une connexion forte aux écosystèmes territoriaux, notamment de l'économie solidaire et sociale.

Postface

Aujourd'hui, nous sommes dans un hiatus, comment pouvons-nous résoudre une injonction paradoxale où l'on voudrait tout à la fois contribuer moins, tout en aspirant à une extension des protections sociales solidaires ?

Pour être attractifs et donner envie à des femmes et des hommes de nous rejoindre pour assurer et assumer les relais et la relève des sociétés de personnes que nous sommes avant tout, nous devons réinventer l'expérience d'engagement que nous leur proposons. Nous pouvons leur permettre d'agir sur leur environnement personnel, familial ou professionnel afin de contribuer à leur complet bien-être physique, psychique, social ou environnemental, en utilisant des modes participatifs d'engagement 2.0 et en veillant à la parité et à la diversité de celles et ceux qui interagissent.

En étant perméable aux bruits du monde, en adaptant nos modes de participation aux réflexions, aux actions ou aux projets mutualistes, nous parviendrons à recréer l'envie de contribuer aux communs, à la capacité d'être et de faire ensemble ; il est toujours préférable de privilégier la coopération fondée sur des engagements mutuels à la conflictualité, que celle-ci soit géopolitique, économique ou sociale.

Les élans spontanés, solidaires, pour tendre la main vers celles et ceux frappés par l'adversité climatique, accidentelle ou induite par des conflits, témoignent, s'il en était utile, que les humains ne sont pas devenus égoïstes. L'appétence citoyenne à l'échelle mondiale, notamment des jeunes, pour endiguer les dérèglements climatiques, pour préserver la biodiversité, atteste de la capacité de dépassement, à s'engager pour des causes altruistes.

Nous ne devons donc jamais nous résigner !

En redonnant du sens à l'engagement, de la capacité à peser sur les causes et les objets de mobilisation, chacun pourra déterminer la manière de s'y impliquer, durable ou ponctuelle, en y apportant de l'expertise et/ou du temps. Par cette contribution au collectif, nous permettons à chacun de s'inscrire dans le réel, évitant le confort du virtuel autant que de l'incantation.

L'engagement ne s'ancre pas dans la durée par une dimension sacrificielle, mais au contraire dans sa dimension aspirationnelle, dans le projet, dans la capacité de chacun à s'inscrire dans une ambition, dans la compréhension que l'on a de ce que l'on peut y apporter.

Cela suppose que les possibilités et les devoirs de chacun soient clairement établis.

Le fondement de nos engagements mutuels étant la solidarité, l'acceptation collective à un socle de valeurs est un prérequis, concourant à une responsabilité individuelle et collective. Si l'on veut que la contribution soit acceptée et soutenable, cela suppose que la construction soit suffisamment robuste pour que l'on sache que le jour où soi-même on aura besoin d'être aidé, l'accompagnement social et humain soit bien garanti.

Apporter une aide aux personnes vulnérables ne nous exonère pas de leur permettre d'être elles-mêmes actrices si elles le peuvent et le veulent afin de s'inscrire dans ce continuum solidaire, d'agir au sein de cette communauté de destins.

Par les différentes contributions constituant cet ouvrage, nous illustrons le champ des possibles, sans en viser l'exhaustivité. Notre dessein était de réenchanter l'envie d'être et de faire ensemble, d'éclairer les aspirations communes, de montrer en quoi et comment nos mutuelles, la Mutualité Française, peuvent contribuer aux communs de notre société.

À l'échelle des territoires, dans la proximité des besoins de vie, chacun pourra ainsi se confronter au réel, en participant à sa mesure à la raison d'être du mouvement mutualiste.

Nous serons fidèles à l'histoire et à l'esprit mutualiste, non en devenant des gestionnaires notariés d'un passé mythifié, mais en permettant à des femmes et des hommes dans la société d'aujourd'hui de réfléchir ensemble, d'entreprendre, d'agir, pour eux et pour les autres, de faire société, de contribuer à l'intérêt général. La Mutualité sera résolument moderne, au rendez-vous de notre temps, en participant via nos territoires à des engagements pour l'entraide et les solidarités, en redonnant du pouvoir d'agir aux femmes et aux hommes qui s'y reconnaissent, en bénéficient et/ou s'y impliquent !

Éric Chenut

Liste des auteurs

Laurent Berger, secrétaire général de la CFDT, a publié *Quelle société veut-on ? Dialogue avec Denis Lafay*, La Tour d'Aigues, l'Aube, 2021 et, avec Claude Sérillon, *Syndiquez-vous !*, Paris, Le Cherche midi, 2019.

Fabien Cazeaux est journaliste, chef du service Économie et social (France Inter).

Éric Chenut, président de la Mutualité Française, a publié *L'émancipation, horizon de nos engagements mutuels*, Paris, La Tour d'Aigues, Fondation Jean-Jaurès, l'Aube, 2020 et « Le numérique au service de l'humain, ou comment promouvoir un usage en faveur de l'émancipation individuelle et collective », in Philippe Bance, Jacques Fournier, *Numérique, action publique et démocratie*, Mont-Saint-Aignan, PURH, 2021.

Pascal Demurger, directeur général du groupe MAIF, a publié *L'entreprise du XXIe siècle sera politique ou ne sera plus*, La Tour d'Aigues, l'Aube, 2019, et *L'urgence du temps long. Un nouveau rapport État/entreprises pour une prospérité durable*, Paris, Fondation Jean-Jaurès, 2022.

Gabrielle Halpern est philosophe, experte associée à la Fondation Jean-Jaurès. Elle a publié *Penser l'hybride*, thèse de doctorat en philosophie, 2019. URL : <http://www.theses.fr/2019LYSEN004> *Tous centaures ! Éloge de l'hybridation*, Paris, Le Pommier, 2020, *La Fable du centaure. Un voyage initiatique* (illustrée par Didier Petetin, Paris, HumenSciences, 2022 et, avec

Guillaume Gomez, *Philosopher et cuisiner : un mélange exquis. Le Chef et la philosophe*, La Tour d'Aigues, l'Aube, 2022.

Ghada Hatem, médecin-chef de la Maison des femmes de Saint-Denis, a publié *Aux pays du machisme ordinaire,* entretien avec José Lenzini, La Tour d'Aigues, l'Aube, 2020.

Chaynesse Khirouni est présidente socialiste du conseil départemental de Meurthe-et-Moselle.

Jean-Pascal Labille est secrétaire général de Solidaris.

Jérôme Saddier, président ESS France et du Crédit coopératif, a publié *Pour une économie de la réconciliation. Faire de l'ESS la norme de l'économie de demain*, Paris, Les Petits Matins, 2022.

Marie-Pierre Toubhans est coordinatrice générale du Droit au savoir.

Table des matières

Dans la même série

Romain Bendavid, Flora Baumlin, *Les chemins de l'égalité. Les femmes, les hommes et le travail*

Gilles Candar, *Jaurès et la vie future*

Stewart Chau, *L'opinion des émotions*

Amandine Clavaud, *Droits des femmes : le grand recul ? À l'épreuve de la crise sanitaire en Europe*

Pierre Jacquemot, *Afrique. La démocratie à l'épreuve*

Jean-Jacques Kourliandsky, *Amérique latine. Progressisme et démocratie en question. 2000-2021*

Kako Nubukpo (dir.), *Du franc CFA à l'éco. Demain, la souveraineté monétaire ?*

Stéphane Travert, *Pourquoi L'abstention ? Répondre à la crise de confiance politique*

Reconnue d'utilité publique dès sa création, la Fondation Jean-Jaurès est la première des fondations politiques françaises. Indépendante, européenne et sociale-démocrate, elle se veut depuis trente ans un lieu de réflexion, de dialogue et d'anticipation. Les partenariats éditoriaux qu'elle engage répondent à l'ambition de faire naître analyses pertinentes et propositions audacieuses, mais aussi de mettre cette production intellectuelle et politique au service de tous. Gilles Finchelstein et Laurent Cohen sont directeurs des publications de la Fondation Jean-Jaurès.

Achevé d'imprimer en septembre 2022

sur les presses de l'imprimerie Firmin Didot

Dépôt légal : septembre 2022

Numéro d'édition : 5250

Numéro d'impression : 171674

Imprimé en France